The Last Snow Of April And Other Bilingual Portuguese-English Stories for Portuguese Language Learners

Pomme Bilingual

Published by Pomme Bilingual, 2024.

While every precaution has been taken in the preparation of this book, the publisher assumes no responsibility for errors or omissions, or for damages resulting from the use of the information contained herein.

THE LAST SNOW OF APRIL AND OTHER BILINGUAL PORTUGUESE-ENGLISH STORIES FOR PORTUGUESE LANGUAGE LEARNERS

First edition. August 25, 2024.

Copyright © 2024 Pomme Bilingual.

ISBN: 979-8227525215

Written by Pomme Bilingual.

Table of Contents

A Última Neve de Abril

Na pequena vila de Montanha Clara, a primavera chegou tarde. Era abril, e as montanhas ainda estavam cobertas por uma camada fina de neve, como um velho lençol que se recusa a ser retirado. Os ventos gelados uivavam através dos pinheiros, e o sol tinha dificuldade em penetrar as nuvens espessas que pareciam ter permanecido estacionadas no céu durante todo o inverno.

João, o velho pescador, andava lentamente pela praça da vila, observando os rostos conhecidos com uma expressão pensativa. Seus passos eram pesados, como se o peso da neve que cobria as montanhas estivesse em seus ombros. Ele carregava um bastão de madeira que havia usado para pescar por mais de cinquenta anos. Agora, o bastão parecia mais um símbolo de resistência do que uma ferramenta útil.

Havia uma sensação de que as coisas estavam mudando. Os jovens da vila, que antes admiravam a sabedoria dos mais velhos, estavam agora se preparando para partir. Eles sonhavam com cidades grandes e novas oportunidades, distantes das encostas geladas e da monotonia da vida rural. João sabia que, para muitos deles, o futuro estava muito mais atraente do que a vida que conheciam.

Na tarde fria, João entrou na pequena taberna do lugar. O aroma do estufado de carne e do pão recém-assado encheu o ar. A taberna, com suas paredes de madeira e chão de pedras, era um lugar onde os habitantes locais se reuniam para compartilhar histórias e trocar palavras. As conversas eram baixas e cautelosas, como se todos soubessem que a primavera estava apenas de passagem e que a verdadeira mudança estava se aproximando.

Ele se sentou no canto do balcão, onde um homem de cabelos grisalhos e rosto marcado pelo tempo já estava esperando. O nome dele era Pedro, um antigo amigo de João, que havia passado grande parte da vida em busca de ouro nas montanhas. Pedro era um homem que conhecia a natureza em sua forma mais cruel e bela, e sua presença na taberna sempre era uma garantia de que conversas profundas e introspectivas ocorreriam.

— Boa tarde, João — disse Pedro, enquanto mexia na bebida à sua frente. Seu olhar era distante, como se estivesse contemplando algo que estava além das paredes da taberna.

— Boa tarde, Pedro — respondeu João, retirando seu chapéu e pendurando-o na cadeira ao seu lado. — É bom ver um rosto familiar.

Os dois homens se entreolharam, ambos cientes de que o encontro não era apenas uma simples reunião de velhos amigos, mas também um momento de reflexão sobre o que o futuro reservava.

— A neve está demorando para ir embora — disse Pedro, olhando pela janela para as montanhas cobertas. — Não sei se isso é um bom sinal ou um mau sinal.

— É apenas o que é — respondeu João. — Às vezes, o que parece ser um obstáculo é apenas uma parte do caminho. A primavera chega quando é a hora certa.

Pedro assentiu lentamente, mas havia um olhar de incerteza em seus olhos. Ele havia visto muito ao longo dos anos e sabia que nem sempre as coisas seguiam o curso esperado.

— E os jovens? — perguntou Pedro. — Ouvi dizer que muitos estão se preparando para partir. O que você acha disso?

João balançou a cabeça lentamente. — Eles querem encontrar algo além das montanhas. Acham que o que estão procurando está longe daqui. Mas às vezes, o que buscamos está bem diante de nós, apenas não sabemos onde olhar.

— É verdade — disse Pedro, sua voz carregada de uma tristeza silenciosa. — Mas, às vezes, as pessoas precisam partir para encontrar o que procuram. Ou para descobrir que o que tinham estava mais perto do que imaginavam.

O silêncio tomou conta da taberna, enquanto os dois amigos ponderavam sobre essas palavras. O som do vento que batia nas janelas parecia ecoar seus pensamentos.

Naquela noite, João caminhou de volta para sua pequena casa na borda da vila. A lua cheia iluminava a paisagem, refletindo uma luz pálida sobre a neve. João sentiu um frio penetrante, mas não era o frio da noite; era o frio da mudança que pairava no ar.

Ao chegar em casa, ele encontrou sua esposa, Ana, sentada à mesa, lendo uma velha carta que ele havia escrito para ela muitos anos antes. Ela ergueu o olhar e sorriu, um sorriso que parecia refletir tanto a alegria quanto a tristeza dos anos passados.

— A primavera vai chegar — disse Ana, colocando a carta de volta na caixa de madeira. — E com ela, novas possibilidades.

João a observou com um misto de amor e apreensão. Ele sabia que a vida na vila estava mudando e que os jovens estavam partindo para buscar seus próprios destinos. Mas ele também sabia que, em cada mudança, havia uma chance de renovação.

Na manhã seguinte, a neve começava a derreter. O sol brilhava com uma intensidade que parecia prometer novos começos. João e Ana saíram para a praça, onde os primeiros sinais de flores começavam a aparecer entre os restos da neve.

Enquanto caminhavam, João sentiu uma sensação de paz. Ele sabia que o futuro era incerto, mas também sabia que a beleza estava nas pequenas coisas, nas mudanças sutis que aconteciam dia após dia.

Os jovens da vila estavam se preparando para partir, e João os observou com um misto de orgulho e tristeza. Ele compreendia suas razões e sabia que, em algum lugar além das montanhas, eles encontrariam suas próprias verdades.

Ele apertou a mão de Ana e sorriu. A primavera estava finalmente chegando, e com ela, a promessa de novos começos. A neve que ainda cobria as montanhas era apenas um lembrete de que, por mais dura que a vida possa parecer, sempre há a promessa de renovação e esperança.

The Last Snow of April

In the small village of Montanha Clara, spring had arrived late. It was April, and the mountains were still covered by a thin layer of snow, like an old blanket that refused to be removed. The cold winds howled through the pines, and the sun struggled to pierce the thick clouds that seemed to have been stationed in the sky all winter long.

João, the old fisherman, walked slowly through the village square, observing the familiar faces with a thoughtful expression. His steps were heavy, as if the weight of the snow covering the mountains was on his shoulders. He carried a wooden staff that he had used for fishing for over fifty years. Now, the staff seemed more a symbol of endurance than a useful tool.

There was a sense that things were changing. The village's young people, who had once admired the wisdom of the elders, were now preparing to leave. They dreamed of big cities and new opportunities, far from the icy slopes and the monotony of rural life. João knew that, for many of them, the future was far more attractive than the life they knew.

On the cold afternoon, João entered the small tavern in town. The aroma of beef stew and freshly baked bread filled the air. The tavern, with its wooden walls and stone floor, was a place where locals gathered to share stories and exchange words. Conversations were low and cautious, as if everyone knew that spring was only passing through and that real change was imminent.

He sat in the corner of the bar, where an old man with graying hair and a face marked by time was already waiting. His name was Pedro, an old friend of João's, who had spent much of his life searching for gold in the mountains. Pedro was a man who knew nature in its cruelest and most beautiful forms, and his presence in the tavern always guaranteed deep and introspective conversations.

"Good afternoon, João," said Pedro, stirring the drink in front of him. His gaze was distant, as if he was contemplating something beyond the tavern's walls.

"Good afternoon, Pedro," replied João, removing his hat and hanging it on the chair beside him. "It's good to see a familiar face."

The two men looked at each other, both aware that the meeting was not just a simple reunion of old friends, but also a moment of reflection on what the future held.

"The snow is taking a long time to go away," Pedro said, looking out the window at the snow-covered mountains. "I don't know if that's a good sign or a bad one."

"It's just what it is," João replied. "Sometimes, what seems like an obstacle is just part of the path. Spring arrives when it's the right time."

Pedro nodded slowly, but there was a look of uncertainty in his eyes. He had seen much over the years and knew that things did not always follow the expected course.

"And the young people?" Pedro asked. "I've heard that many are preparing to leave. What do you think about that?"

João shook his head slowly. "They want to find something beyond the mountains. They think what they're looking for is far from here. But sometimes, what we're searching for is right in front of us; we just don't know where to look."

"It's true," Pedro said, his voice laden with a silent sadness. "But sometimes people need to leave to find what they're looking for. Or to discover that what they had was closer than they imagined."

Silence fell over the tavern as the two friends pondered these words. The sound of the wind against the windows seemed to echo their thoughts.

That night, João walked back to his small house on the edge of the village. The full moon illuminated the landscape, casting a pale light over the snow. João felt a penetrating cold, but it wasn't the cold of the night; it was the chill of change that lingered in the air.

Upon arriving home, he found his wife, Ana, sitting at the table, reading an old letter he had written to her many years ago. She looked up and smiled, a smile that seemed to reflect both the joy and sadness of the years past.

"Spring will come," Ana said, putting the letter back in the wooden box. "And with it, new possibilities."

João looked at her with a mix of love and apprehension. He knew that life in the village was changing and that the young people were leaving to seek their own destinies. But he also knew that in every change, there was a chance for renewal.

The next morning, the snow began to melt. The sun shone with an intensity that seemed to promise new beginnings. João and Ana went out to the square, where the first signs of flowers were starting to appear among the remnants of the snow.

As they walked, João felt a sense of peace. He knew the future was uncertain, but he also knew that beauty lay in the small things, in the subtle changes that happened day by day.

The young people of the village were preparing to leave, and João watched them with a mix of pride and sadness. He understood their reasons and knew that somewhere beyond the mountains, they would find their own truths.

He squeezed Ana's hand and smiled. Spring was finally coming, and with it, the promise of new beginnings. The snow that still covered the mountains was merely a reminder that, no matter how harsh life may seem, there is always the promise of renewal and hope.

O Homem e o Rio

Em uma manhã de verão, o pequeno vilarejo de São Pedro estava coberto por uma neblina leve que se levantava lentamente dos campos úmidos. O rio que cortava a vila, com suas águas claras e tranquilas, era o coração pulsante daquele lugar. Para os habitantes, era mais do que uma fonte de vida; era um símbolo de permanência e calma em um mundo que parecia mudar cada vez mais rápido.

Miguel, um homem de sessenta anos, era um dos poucos que ainda conheciam os segredos do rio como a palma da mão. Seus olhos, marcados pelo sol e pelo vento, observavam a água com uma atenção quase reverente. Havia algo de inabalável em sua presença, uma confiança que vinha de décadas passadas ao lado do rio, conhecendo cada curva, cada correnteza, cada peixe que nadava em suas águas.

Naquela manhã, Miguel se preparava para uma última viagem pelo rio. A canoa, uma velha embarcação de madeira, estava ancorada na margem, com seus remos desgastados prontos para a viagem. Ele havia decidido que, depois daquela jornada, colocaria a canoa de lado e deixaria o rio para os jovens que estavam começando a aprender seus mistérios.

Enquanto Miguel se preparava, seu neto, Tomás, apareceu na margem do rio. Tomás era um rapaz de dezoito anos, com um olhar curioso e uma energia que contrastava com a calma de Miguel. Ele estava ansioso para ir com o avô, para aprender mais sobre o rio e talvez descobrir um pouco da sabedoria que Miguel carregava.

— Bom dia, avô — disse Tomás, aproximando-se com um sorriso.

— Bom dia, Tomás — respondeu Miguel, ajeitando a alça da mochila e conferindo se tudo estava em ordem. — Pronto para a viagem?

— Pronto, avô. Estou ansioso para ver o que você vê quando está no rio.

Miguel assentiu, um sorriso curto nos lábios. Ele sabia que a experiência de estar no rio era algo que não podia ser completamente explicado com palavras. Era preciso vivê-la, sentir a água correndo sob a canoa, ouvir o som do vento nas árvores e absorver a tranquilidade que o rio proporcionava.

Os dois subiram na canoa e começaram a remada. A água estava fria e refrescante, e o som suave dos remos cortando a superfície era quase hipnótico. O sol começava a aquecer o ar, e o aroma das flores silvestres e da terra úmida preenchia os sentidos.

Enquanto navegavam, Miguel começou a falar, sua voz tranquila e pausada. — O rio tem um jeito de ensinar, se você prestar atenção. Não é apenas a água que passa; é o que você aprende com ela.

Tomás ouviu atentamente, absorvendo cada palavra. — O que você aprendeu, avô?

Miguel olhou para a água, onde os reflexos do sol dançavam nas ondas. — Aprendi que a vida é como o rio. Tem seus altos e baixos, suas correntes fortes e suas áreas tranquilas. Mas, no fim, você precisa seguir em frente, não importa o quão difícil seja.

Tomás pensou sobre isso, observando os peixes que nadavam ao lado da canoa. — E como você lida com as correntes fortes?

— Você aprende a navegar — respondeu Miguel. — Às vezes, você precisa lutar contra a corrente, e outras vezes, você precisa encontrar o ritmo dela. O importante é nunca parar de se mover.

A conversa continuou, com Miguel compartilhando histórias de sua juventude e das muitas viagens que fizera pelo rio. Ele falou sobre os tempos difíceis, as enchentes que quase destruíram a vila, e os momentos de paz que encontrou nas horas solitárias à beira d'água.

Quando chegaram a uma área mais aberta do rio, onde a água era mais calma e a vegetação ao redor formava uma sombra agradável, Miguel parou para descansar. Ele puxou uma pequena cesta com pão e queijo e ofereceu a Tomás. Enquanto comiam, Miguel olhou para o horizonte, onde as árvores e a água se encontravam.

— Às vezes, o rio parece estar parado, mas sempre está se movendo — disse Miguel. — A gente só precisa aprender a ver o movimento de uma maneira diferente.

Tomás estava imerso na conversa, e suas perguntas se tornaram mais frequentes. Ele queria entender cada detalhe, cada nuance das palavras do avô. Miguel respondeu pacientemente, sabendo que suas lições eram mais do que apenas conhecimento; eram uma forma de passar adiante a experiência e a sabedoria que ele havia acumulado ao longo dos anos.

Depois de um longo dia no rio, com o sol se pondo no horizonte e a luz dourada refletindo na água, Miguel e Tomás começaram a fazer o caminho de volta. O ar estava mais fresco, e o céu estava cheio de estrelas que começavam a aparecer.

— Então, avô, o que você vai fazer agora que decidiu parar de pescar? — perguntou Tomás.

Miguel sorriu, seu olhar perdido nas estrelas. — Vou continuar observando o rio. Mesmo que eu não esteja mais na canoa, o rio ainda estará lá. E eu ainda estarei aprendendo com ele, de uma forma diferente.

Ao retornarem à margem, Miguel sentiu uma sensação de satisfação. Ele sabia que o rio sempre seria uma parte de sua vida, e que, ao passar seus conhecimentos para Tomás, estava garantindo que a tradição continuaria. O rio não era apenas um corpo d'água; era um professor, um amigo, e uma fonte inesgotável de sabedoria.

Tomás ajudou a arrumar a canoa, e os dois caminharam juntos de volta para a vila. A noite estava tranquila, e a lua iluminava o caminho. Miguel sentiu uma profunda gratidão por ter podido compartilhar aquele dia com seu neto, e por ter tido a oportunidade de refletir sobre a vida através do rio.

Naquela noite, enquanto se preparava para dormir, Miguel olhou pela janela e viu o rio brilhando à luz da lua. Ele sabia que a vida continuava, e que, assim como o rio, ele também seguia em frente, sempre em movimento, sempre aprendendo.

The Man and the River

On a summer morning, the small village of São Pedro was covered by a light mist that slowly lifted from the damp fields. The river that flowed through the village, with its clear and tranquil waters, was the beating heart of the place. For the villagers, it was more than a source of life; it was a symbol of steadiness and calm in a world that seemed to change faster and faster.

Miguel, a man of sixty, was one of the few who still knew the river's secrets like the back of his hand. His eyes, marked by the sun and wind, watched the water with an almost reverent attention. There was something unshakable about his presence, a confidence that came from decades spent alongside the river, knowing every bend, every current, every fish that swam in its waters.

That morning, Miguel was preparing for one last journey down the river. The canoe, an old wooden vessel, was moored at the shore, with its worn paddles ready for the trip. He had decided that after this journey, he would set the canoe aside and leave the river to the young people who were beginning to learn its mysteries.

As Miguel prepared, his grandson, Tomás, appeared on the riverbank. Tomás was an eighteen-year-old with a curious look and an energy that contrasted with Miguel's calm. He was eager to go with his grandfather, to learn more about the river, and perhaps discover a bit of the wisdom Miguel carried.

"Good morning, grandfather," said Tomás, approaching with a smile.

"Good morning, Tomás," replied Miguel, adjusting the strap of his bag and checking if everything was in order. "Ready for the trip?"

"Ready, grandfather. I'm looking forward to seeing what you see when you're on the river."

Miguel nodded, a brief smile on his lips. He knew that the experience of being on the river was something that couldn't be completely explained with words. It had to be lived, to feel the water running under the canoe, hear the sound of the wind in the trees, and absorb the tranquility the river provided.

The two boarded the canoe and began to paddle. The water was cold and refreshing, and the gentle sound of the paddles cutting through the surface was almost hypnotic. The sun began to warm the air, and the aroma of wildflowers and damp earth filled their senses.

As they sailed, Miguel began to speak, his voice calm and measured. "The river has a way of teaching if you pay attention. It's not just the water that passes; it's what you learn from it."

Tomás listened attentively, absorbing every word. "What have you learned, grandfather?"

Miguel looked at the water, where the sun's reflections danced on the waves. "I've learned that life is like the river. It has its highs and lows, its strong currents and its calm areas. But in the end, you need to keep moving forward, no matter how difficult it gets."

Tomás thought about this, watching the fish that swam alongside the canoe. "And how do you deal with the strong currents?"

"You learn to navigate," Miguel replied. "Sometimes you need to fight against the current, and other times you need to find its rhythm. The important thing is to never stop moving."

The conversation continued, with Miguel sharing stories of his youth and the many journeys he had taken down the river. He spoke of hard times, floods that nearly destroyed the village, and the moments of peace he found in solitary hours by the water.

When they reached a more open area of the river, where the water was calmer and the surrounding vegetation formed a pleasant shade, Miguel stopped to rest. He pulled out a small basket with bread and cheese and offered it to Tomás. As they ate, Miguel looked at the horizon where the trees met the water.

"Sometimes, the river seems to be standing still, but it's always moving," Miguel said. "We just need to learn to see the movement in a different way."

Tomás was engrossed in the conversation, and his questions became more frequent. He wanted to understand every detail, every nuance of his grandfather's words. Miguel answered patiently, knowing that his lessons were more than just knowledge; they were a way of passing on the experience and wisdom he had accumulated over the years.

After a long day on the river, with the sun setting on the horizon and the golden light reflecting on the water, Miguel and Tomás began the return trip. The air was cooler, and the sky was filled with stars that were starting to appear.

"So, grandfather, what will you do now that you've decided to stop fishing?" Tomás asked.

Miguel smiled, his gaze lost in the stars. "I'll continue to observe the river. Even if I'm not in the canoe anymore, the river will still be there. And I'll still be learning from it, in a different way."

As they returned to the shore, Miguel felt a sense of fulfillment. He knew that the river would always be a part of his life and that by passing his knowledge on to Tomás, he was ensuring that the tradition would continue. The river was not just a body of water; it was a teacher, a friend, and an endless source of wisdom.

Tomás helped to stow the canoe, and the two walked back to the village together. The night was peaceful, and the moon illuminated their path. Miguel felt a deep gratitude for having been able to share that day with his grandson and for having had the opportunity to reflect on life through the river.

That night, as he prepared for bed, Miguel looked out the window and saw the river shimmering in the moonlight. He knew that life went on, and that, like the river, he too would keep moving forward, always in motion, always learning.

O Último Gole de Café

A cidade de São Carlos estava começando a despertar. As ruas de paralelepípedos, ainda úmidas com o orvalho da madrugada, estavam silenciosas, com exceção do som distante de um caminhão de entregas e do murmúrio ocasional dos primeiros habitantes do dia. Entre os edifícios de pedra e os cafés que começavam a abrir, estava o Bar do Paulo, um pequeno estabelecimento que havia se tornado um ponto de encontro para muitos ao longo dos anos.

Paulo, o dono do bar, era um homem robusto e de rosto enrugado. Seus olhos eram pequenos e brilhantes, sempre observando com uma mistura de curiosidade e cansaço. Ele estava atrás do balcão, preparando a primeira rodada de cafés do dia. O cheiro forte do café torrado preenchia o ar, uma promessa de calor e conforto em uma manhã fria. Paulo sabia que este ritual matinal era mais do que apenas uma rotina; era um momento de conexão com seus clientes, uma chance de ouvir e compartilhar histórias, e um intervalo no ritmo monótono da vida.

Naquela manhã, o bar estava quase vazio. Apenas três homens estavam sentados em uma mesa no canto, bebendo café e conversando em voz baixa. Eles eram homens de idade, cada um com uma história marcada pelo tempo e pela experiência. Entre eles estava Ernesto, um velho pescador que havia passado sua vida no mar. Seus cabelos eram brancos como a espuma das ondas, e suas mãos estavam calejadas pelo trabalho duro. Ernesto havia se aposentado há alguns anos, mas ainda vinha ao bar todas as manhãs para conversar e tomar seu café.

Paulo trouxe uma nova rodada de cafés para a mesa dos homens, o líquido negro e espesso fumegando nas xícaras de porcelana. Ele se inclinou para ouvir a conversa enquanto os homens discutiam sobre a temporada de pesca que havia terminado recentemente.

— O mar está mais difícil do que nunca — disse Ernesto, sua voz rouca e cansada. — As tempestades estão se tornando mais frequentes, e os peixes parecem estar se escondendo em lugares diferentes. Não sei se vou continuar com isso por muito mais tempo.

Os outros homens assentiram, entendendo as dificuldades de Ernesto. O mar, com sua beleza indomável, também era imprevisível e cruel. O diálogo prosseguiu, e as palavras de Ernesto foram acompanhadas de lembranças das aventuras e desafios enfrentados nas águas abertas.

Enquanto a conversa avançava, Paulo percebeu que a manhã estava se alongando e que o número de clientes começava a aumentar. Ele se afastou da mesa dos homens e começou a se movimentar pelo bar, servindo café para novos clientes e atendendo às necessidades de todos.

Na porta do bar, uma jovem mulher entrou, vestida com um casaco grosso e uma bufanda vermelha que contrastava com o ambiente sombrio da manhã. Ela se aproximou do balcão e pediu um café. Paulo preparou a bebida e entregou-a com um sorriso acolhedor.

— Vai fazer um frio danado hoje — comentou Paulo, olhando pela janela para o céu nublado. — Não está pensando em sair por aí, está?

A jovem sorriu, um sorriso que parecia mais um reflexo de suas preocupações do que de qualquer outro sentimento. — Tenho que resolver algumas coisas, mas espero que o dia melhore.

Paulo observou a jovem enquanto ela se afastava para se sentar em uma mesa. Ele percebeu que havia algo diferente nela, uma aura de ansiedade que não combinava com a tranquilidade habitual do bar. Decidiu que iria prestar atenção, pois o bar sempre parecia ser um lugar onde as pessoas encontravam consolo, mesmo que por um breve momento.

A manhã continuou com um ritmo constante, e o bar estava agora cheio de pessoas conversando e tomando café. Paulo servia as mesas com um ritmo eficiente, mas sempre com um olhar atento para o que estava acontecendo ao seu redor. Ele notou que a jovem mulher parecia cada vez mais agitada, levantando-se da mesa e andando de um lado para o outro, como se estivesse esperando por algo.

A hora do almoço se aproximava, e o movimento no bar começou a diminuir. Paulo teve um intervalo e se sentou em uma mesa ao fundo para tomar um gole de café. Observou a jovem mulher ainda em seu canto, agora parecendo cada vez mais ansiosa.

Depois de alguns momentos, Paulo decidiu se aproximar. — Está tudo bem com você? — perguntou, sua voz cheia de preocupação genuína.

A jovem olhou para Paulo, seu rosto revelando uma mistura de alívio e tristeza. — Estou esperando uma ligação — disse ela. — É sobre um emprego que estou tentando conseguir. Não tenho certeza se vou conseguir.

Paulo assentiu, compreendendo a tensão em sua voz. — Esses momentos podem ser difíceis. Às vezes, tudo o que podemos fazer é esperar e torcer para que as coisas funcionem.

Ela sorriu agradecida, mas seu olhar estava distante. — Sim, eu sei. Só espero que tudo dê certo.

Enquanto Paulo voltava para o balcão, a jovem continuou sua espera, a ansiedade visível em cada movimento. O bar estava agora mais tranquilo, e o som das conversas diminuíra. Paulo se encontrava mais uma vez sozinho, seus pensamentos voltando para a conversa que havia tido com Ernesto e os outros homens mais cedo.

A tarde avançou, e o céu fora do bar começava a escurecer. A jovem mulher ainda estava lá, mas Paulo percebeu que sua ansiedade havia diminuído um pouco. Ela parecia estar mais calma, como se o tempo passado no bar tivesse proporcionado um breve alívio.

Quando o relógio marcou o final da tarde, a jovem levantou-se, preparando-se para sair. Paulo a observou enquanto ela se aproximava do balcão para pagar a conta.

— Espero que tenha boas notícias — disse Paulo, tentando oferecer um pouco de encorajamento.

Ela sorriu novamente, um sorriso mais genuíno desta vez. — Obrigada, Paulo. Estarei bem. E obrigado por deixar o tempo passar aqui. Fez diferença.

Com isso, ela saiu do bar, desaparecendo na escuridão crescente da noite. Paulo voltou a seus pensamentos, refletindo sobre as vidas e histórias que cruzavam o caminho dele todos os dias. Cada cliente era uma história, e cada visita ao bar era uma chance de fazer parte de um momento significativo na vida deles.

Quando a noite se instalou completamente, o bar começou a esvaziar, e Paulo fez a limpeza final. Enquanto lavava as xícaras e guardava os utensílios, pensava em Ernesto e nas dificuldades que ele havia compartilhado. Também pensava na jovem mulher e na esperança que ela ainda carregava, mesmo em meio à incerteza.

Por fim, Paulo se sentou em uma das mesas vazias e pegou sua própria xícara de café, agora fria e com um gosto amargo. Ele tomou um gole, sentindo o sabor do café que havia sido sua companhia durante todo o dia. Era um gosto familiar, uma parte de sua rotina, mas também um lembrete de que, apesar das dificuldades e desafios, a vida continuava, e as pessoas continuavam a buscar significado e conforto.

Com um último olhar para o bar vazio, Paulo apagou as luzes e trancou a porta. Ele sabia que a manhã seguinte traria novos rostos e novas histórias, e que, no fundo, o café e o bar continuariam a ser um lugar onde as pessoas poderiam encontrar um momento de paz, mesmo que apenas por um breve instante.

Enquanto caminhava para casa, Paulo pensava no último gole de café que havia tomado. Era uma mistura de fim e começo, um sinal de que cada dia tinha seu próprio ritmo e significado. E assim, ele seguiu pela rua iluminada pela luz suave dos postes, com a certeza de que o próximo dia traria novas oportunidades e novos encontros, e que, enquanto o bar estivesse aberto, ele continuaria a ser um lugar onde as histórias e a vida se entrelaçavam.

The Last Sip of Coffee

The city of São Carlos was beginning to wake up. The cobblestone streets, still damp with the morning dew, were silent except for the distant sound of a delivery truck and the occasional murmur of the first inhabitants of the day. Among the stone buildings and the cafes starting to open was Bar do Paulo, a small establishment that had become a meeting point for many over the years.

Paulo, the bar owner, was a robust man with a weathered face. His eyes were small and bright, always observing with a mix of curiosity and weariness. He was behind the counter, preparing the first round of coffees for the day. The strong smell of roasted coffee filled the air, a promise of warmth and comfort on a cold morning. Paulo knew that this morning ritual was more than just a routine; it was a moment of connection with his customers, a chance to hear and share stories, and a pause in the monotonous rhythm of life.

That morning, the bar was almost empty. Only three men sat at a corner table, drinking coffee and speaking in low voices. They were elderly men, each with a story marked by time and experience. Among them was Ernesto, an old fisherman who had spent his life at sea. His hair was as white as the sea foam, and his hands were calloused from hard work. Ernesto had retired a few years ago, but he still came to the bar every morning to chat and have his coffee.

Paulo brought a new round of coffees to the men's table, the black, thick liquid steaming in porcelain cups. He leaned in to listen to their conversation as they discussed the fishing season that had just ended.

"The sea is tougher than ever," Ernesto said, his voice rough and tired. "Storms are becoming more frequent, and the fish seem to be hiding in different places. I don't know if I'll keep doing this for much longer."

The other men nodded, understanding Ernesto's difficulties. The sea, with its untamed beauty, was also unpredictable and harsh. The dialogue continued, accompanied by memories of adventures and challenges faced on the open waters.

As the conversation progressed, Paulo noticed that the morning was stretching out and the number of customers was beginning to increase. He moved away from the men's table and started to circulate through the bar, serving coffee to new patrons and attending to everyone's needs.

At the door of the bar, a young woman entered, dressed in a thick coat and a red scarf that contrasted with the somber morning atmosphere. She approached the counter and ordered a coffee. Paulo prepared the drink and handed it to her with a welcoming smile.

"It's going to be a cold day today," Paulo remarked, looking out the window at the cloudy sky. "You're not planning on going out, are you?"

The young woman smiled, a smile that seemed more a reflection of her worries than of any other feeling. "I have some things to take care of, but I hope the day improves."

Paulo watched the young woman as she walked to a table. He noticed that there was something different about her, an aura of anxiety that didn't fit with the usual tranquility of the bar. He decided to pay attention, as the bar always seemed to be a place where people found solace, even if only for a brief moment.

The morning continued at a steady pace, and the bar was now filled with people talking and drinking coffee. Paulo served the tables efficiently, but always with an attentive eye on what was happening around him. He noticed that the young woman seemed increasingly agitated, getting up from her table and pacing back and forth, as if she were waiting for something.

As lunchtime approached, the bar began to quiet down. Paulo had a break and sat at a table in the back to sip his coffee. He watched the young woman still in her corner, now appearing more calm, as if the time spent in the bar had provided some temporary relief.

After a while, Paulo decided to approach her. "Is everything alright?" he asked, his voice filled with genuine concern.

The young woman looked at Paulo, her face revealing a mix of relief and sadness. "I'm waiting for a call," she said. "It's about a job I'm trying to get. I'm not sure if I'll get it."

Paulo nodded, understanding the tension in her voice. "These moments can be tough. Sometimes, all we can do is wait and hope that things work out."

She smiled gratefully, but her gaze was distant. "Yes, I know. I just hope everything turns out well."

As Paulo returned to the counter, the young woman continued her wait, her anxiety still visible in every movement. The bar was now quieter, and the sound of conversations had faded. Paulo found himself alone again, his thoughts drifting back to the conversation he had with Ernesto and the other men earlier.

The afternoon wore on, and the sky outside the bar began to darken. The young woman was still there, but Paulo noticed that her anxiety had lessened somewhat. She seemed more composed, as if the time spent in the bar had provided a brief respite.

When the clock struck late afternoon, the young woman stood up, preparing to leave. Paulo watched as she approached the counter to pay her bill.

"I hope you get good news," Paulo said, trying to offer a bit of encouragement.

She smiled again, a more genuine smile this time. "Thank you, Paulo. I'll be alright. And thank you for letting time pass here. It made a difference."

With that, she left the bar, disappearing into the growing darkness of the evening. Paulo reflected on the lives and stories that crossed his path every day. Each customer was a story, and each visit to the bar was a chance to be part of a meaningful moment in their lives.

As night fully descended, the bar began to empty, and Paulo did the final cleaning. As he washed the cups and put away the utensils, he thought about Ernesto and the difficulties he had shared. He also thought about the young woman and the hope she still carried, even in the midst of uncertainty.

Finally, Paulo sat at one of the empty tables and took his own cup of coffee, now cold and bitter. He took a sip, tasting the coffee that had been his companion throughout the day. It was a familiar taste, a part of his routine, but also a reminder that, despite the difficulties and challenges, life went on, and people continued to seek meaning and comfort.

With a final look at the empty bar, Paulo turned off the lights and locked the door. He knew that the next morning would bring new faces and new stories, and that, as long as the bar was open, it would continue to be a place where people could find a moment of peace, even if only for a brief instant.

As he walked home, Paulo thought about the last sip of coffee he had taken. It was a mix of ending and beginning, a sign that each day had its own rhythm and significance. And so, he walked down the street illuminated by the soft light of the street lamps, with the certainty that the next day would bring new opportunities and new encounters, and that, as long as the bar remained open, it would continue to be a place where stories and life intertwined.

A Última Chamada de Carolina

Era uma tarde quente e abafada em São João, um vilarejo pequeno e tranquilo no interior de Minas Gerais. As sombras das montanhas, imensas e imperturbáveis, se estendiam sobre as ruas de terra batida, onde poucas pessoas se aventuravam durante as horas mais quentes do dia. As casas, simples e de aparência desgastada, estavam em grande parte desertas, com as janelas fechadas para manter o calor fora.

Carolina, uma mulher de sessenta anos, morava na última casa da rua principal, perto da linha do trem que cortava o vilarejo. A casa era pequena, mas bem cuidada. As janelas eram emolduradas por cortinas de algodão branco, e o jardim da frente, embora simples, estava bem arrumado. Carolina havia vivido ali a vida inteira, e seu nome era conhecido por todos na cidade. Seu marido, Carlos, havia falecido há alguns anos, e ela morava sozinha desde então, mas nunca parecia solitária. Sua casa sempre estava cheia de uma aura serena e de um silêncio que, para ela, era confortante.

Naquela tarde, Carolina estava no quintal, sentada sob a sombra de uma grande mangueira que havia plantado há décadas. Com suas mãos enrugadas e calejadas, ela estava ocupada em fazer crochê, um hobby que havia adotado para passar o tempo. Seus olhos, apesar da idade, ainda eram aguçados, e seus movimentos eram precisos e metódicos.

Carolina sempre teve uma rotina: acordava cedo, preparava um café forte e fresco, e passava a manhã cuidando da casa e do jardim. À tarde, sentava-se sob a mangueira e trabalhava em seus projetos de crochê enquanto observava o movimento lento da vida em São João. À noite, costumava ler ou escrever cartas para amigos e familiares que viviam longe.

Naquele dia, Carolina estava especialmente ocupada. Ela estava terminando uma manta de crochê que planejava dar de presente para a sua neta, Letícia, que estava prestes a se casar. Carolina queria que a manta fosse um símbolo de sua afeição e apoio para o novo capítulo da vida de Letícia.

Enquanto Carolina trabalhava, seu vizinho, João, um homem de meia-idade que cultivava um pequeno pomar de laranjas, se aproximou da cerca que separava suas propriedades.

— Carolina! — gritou João. — Estava pensando em você. Ouvi rumores de que a sua neta vai se casar. Parabéns!

Carolina sorriu, os olhos brilhando com orgulho. — Sim, ela vai se casar no próximo mês. Estou tão feliz por ela. E estou fazendo essa manta especialmente para o grande dia.

João sorriu de volta, admirando a habilidade de Carolina. — É um presente maravilhoso. Ela vai adorar.

Carolina agradeceu e continuou seu trabalho, enquanto João voltava para seu pomar. O calor da tarde estava começando a se dissipar um pouco, e Carolina começou a sentir uma leve brisa que trazia um alívio bem-vindo. Ela se levantou, esticou as pernas e foi até a cerca para observar o pôr do sol.

O vilarejo estava em um estado de tranquilidade, com os últimos raios de sol iluminando as montanhas ao fundo. Carolina sentiu uma sensação de paz, como se o mundo ao redor estivesse em perfeita harmonia.

Mas, ao virar-se para voltar para casa, Carolina notou algo incomum. Havia uma pequena caixa de correio na entrada de sua casa, que ela não se lembrava de ter visto antes. Era um pouco maior do que uma caixa de correio comum e parecia estar ali há algum tempo. Seu nome estava escrito em uma etiqueta na frente.

Carolina se aproximou e abriu a caixa. Dentro havia uma carta, o papel amarrotado e envelhecido. Ela a retirou com cuidado e a examinou antes de desdobrá-la. As palavras escritas eram em tinta preta, um pouco desbotada pelo tempo.

"Querida Carolina,

Sei que esta carta pode chegar a você de forma inesperada. Eu sou João Pedro, um velho amigo do seu pai. Passei muitos anos longe, mas nunca deixei de pensar na sua família. Tenho uma história para contar, uma que talvez possa interessar a você.

Eu estarei na cidade esta semana e gostaria de me encontrar com você. Há algo que preciso lhe mostrar. Por favor, me encontre no café da esquina ao meio-dia no próximo sábado.

Com saudades,

João Pedro."

Carolina franziu a testa. Não se lembrava de João Pedro, embora houvesse um eco de familiaridade no nome. Ela havia ouvido o nome mencionado por seu pai uma vez, mas nunca soubera muito sobre ele. Sua curiosidade foi despertada.

O próximo sábado chegou rapidamente, e Carolina se preparou para o encontro. Vestiu um vestido simples, mas elegante, e fez um esforço extra para se arrumar, como se estivesse prestes a encontrar alguém de importância. Pegou a carta, colocou-a na bolsa e saiu de casa.

O café da esquina era um local pequeno, com uma atmosfera acolhedora. Quando Carolina entrou, notou que o lugar estava quase vazio, exceto por um homem sentado em uma mesa no canto, de costas para a porta. Ele parecia estar esperando por ela, e Carolina sentiu uma onda de nervosismo e expectativa.

João Pedro virou-se quando Carolina se aproximou, e seus olhos se encontraram. Ele era um homem mais velho, com cabelos grisalhos e um rosto marcado pelo tempo, mas havia uma bondade em seu olhar.

— Carolina? — perguntou ele, levantando-se para cumprimentá-la.

— Sim, sou eu. João Pedro, não é? — respondeu Carolina, estendendo a mão.

João Pedro apertou a mão dela com um sorriso. — Exatamente. É um prazer finalmente conhecê-la.

Os dois se sentaram e pediram café. Enquanto esperavam, João Pedro começou a falar sobre o passado e as memórias que tinham em comum. Ele contou histórias de sua juventude e dos anos que passara viajando pelo mundo. Era evidente que ele tinha muito para compartilhar, e Carolina estava fascinada com cada palavra.

Depois de algum tempo, João Pedro tirou uma pequena caixa de madeira de sua bolsa e a colocou na mesa. — Esta caixa pertenceu ao seu pai — disse ele, olhando para Carolina com seriedade. — E eu tenho certeza de que ele gostaria que você a tivesse.

Carolina olhou para a caixa, seus olhos cheios de curiosidade e expectativa. Ela a abriu cuidadosamente e encontrou uma coleção de fotografias antigas, cartas e objetos que pareciam ter uma importância sentimental.

— Por que você tem isso? — perguntou Carolina, sua voz tremendo um pouco.

João Pedro suspirou e explicou. — Seu pai e eu éramos muito próximos quando éramos jovens. Fizemos muitas viagens juntos, e ele guardou essas coisas para lembrar de nossos tempos. Depois que ele partiu, eu mantive a caixa, pensando que um dia eu a entregaria a você. Agora parecia ser o momento certo.

Carolina examinou os itens dentro da caixa. Havia fotos de seu pai jovem, sorridente, e cartas escritas com uma caligrafia elegante. Ela encontrou uma foto de um grupo de amigos, incluindo João Pedro, e viu seu pai no centro, com um sorriso largo no rosto.

— Eu não sabia que ele tinha tanta história — disse Carolina, com um misto de tristeza e alegria. — Meu pai era uma pessoa reservada. Nunca falou muito sobre seu passado.

João Pedro sorriu com compreensão. — Seu pai era um homem de muitas histórias, mas ele preferia guardá-las para si mesmo. Eu tenho certeza de que ele ficaria feliz em saber que você está vendo isso agora.

O café foi servido, e os dois continuaram conversando, compartilhando memórias e histórias. Carolina sentiu uma sensação de conexão com seu pai que nunca havia experimentado antes. As histórias de João Pedro ajudaram a preencher as lacunas que sempre estiveram presentes em sua compreensão de seu pai.

Quando o sol começou a se pôr, João Pedro se despediu e partiu, prometendo manter contato. Carolina ficou sozinha, segurando a caixa de madeira e refletindo sobre o que havia aprendido.

Ela retornou para casa com um sentimento de paz e uma nova apreciação pela vida e pela memória de seu pai. A caixa havia revelado um lado de seu pai que ela nunca conhecera, e isso trouxe uma nova dimensão à sua compreensão dele.

Naquela noite, Carolina sentou-se sob a mangueira no quintal e olhou para as estrelas. A manta de crochê estava quase pronta, e ela pensou em Letícia e no futuro que a aguardava. Havia algo de reconfortante no fato de que, mesmo após tantos anos, a memória de seu pai ainda estava viva e agora havia sido compartilhada com ela.

E assim, sob a luz suave da noite, Carolina terminou a manta de crochê e fez um último ajuste, pensando em Letícia e no futuro. Ela estava em paz com o passado e ansiosa pelo que viria a seguir, sabendo que, em cada fio de crochê, havia uma parte de sua história e de sua família.

Carolina's Last Call

It was a hot and sultry afternoon in São João, a small and quiet village in the heart of Minas Gerais. The shadows of the mountains, vast and untroubled, stretched over the dusty dirt streets where few ventured during the hottest hours of the day. The houses, simple and weathered, were largely deserted, with windows closed to keep the heat out.

Carolina, a sixty-year-old woman, lived in the last house on the main street, near the railway line that cut through the village. The house was small but well-kept. The windows were framed with white cotton curtains, and the front garden, though modest, was neatly arranged. Carolina had lived there her entire life, and her name was known by everyone in town. Her husband, Carlos, had passed away a few years ago, and she lived alone since then, but she never seemed lonely. Her home always had an aura of serenity and a silence that was comforting to her.

That afternoon, Carolina was in the yard, sitting under the shade of a large mango tree she had planted decades ago. With her weathered and calloused hands, she was busy crocheting, a hobby she had taken up to pass the time. Her eyes, despite her age, were sharp, and her movements were precise and methodical.

Carolina always had a routine: she woke up early, made strong, fresh coffee, and spent the morning tending to the house and garden. In the afternoon, she sat under the mango tree and worked on her crochet projects while observing the slow pace of life in São João. In the evening, she would read or write letters to friends and family who lived far away.

That day, Carolina was particularly focused. She was finishing a crochet blanket she planned to give as a gift to her granddaughter, Letícia, who was about to get married. Carolina wanted the blanket to be a symbol of her affection and support for Letícia's new chapter in life.

As Carolina worked, her neighbor, João, a middle-aged man who tended a small orange grove, approached the fence separating their properties.

"Carolina!" João called out. "I heard the news about your granddaughter getting married. Congratulations!"

Carolina smiled, her eyes shining with pride. "Yes, she's getting married next month. I'm so happy for her. And I'm making this blanket especially for the big day."

João smiled back, admiring Carolina's skill. "It's a wonderful gift. She'll love it."

Carolina thanked him and continued her work as João returned to his orchard. The afternoon heat was starting to subside a little, and Carolina felt a slight breeze that was a welcome relief. She got up, stretched her legs, and went to the fence to watch the sunset.

The village was in a state of tranquility, with the last rays of sun lighting up the mountains in the distance. Carolina felt a sense of peace, as if the world around her was in perfect harmony.

But as she turned to go back inside, Carolina noticed something unusual. There was a small mailbox at the entrance of her house that she didn't remember seeing before. It was slightly larger than a standard mailbox and seemed to have been there for some time. Her name was written on a label on the front.

Carolina approached and opened the mailbox. Inside was a letter, the paper wrinkled and aged. She carefully pulled it out and examined it before unfolding it. The words were written in black ink, somewhat faded by time.

"Dear Carolina,

I know this letter may come to you unexpectedly. I am João Pedro, an old friend of your father. I have spent many years away, but I have never stopped thinking about your family. I have a story to tell you, one that may interest you.

I will be in town this week and would like to meet with you. There is something I need to show you. Please meet me at the café on the corner at noon next Saturday.

With longing,

João Pedro."

Carolina frowned. She didn't remember João Pedro, though the name sounded vaguely familiar. She had heard the name mentioned by her father once, but never knew much about him. Her curiosity was piqued.

The next Saturday arrived quickly, and Carolina prepared for the meeting. She wore a simple but elegant dress and made an extra effort to look presentable, as if she were about to meet someone important. She took the letter, put it in her bag, and left for the café.

The corner café was a small place with a cozy atmosphere. When Carolina entered, she noticed that the place was almost empty, except for a man sitting at a table in the corner, with his back to the door. He appeared to be waiting for her, and Carolina felt a wave of nervousness and anticipation.

João Pedro turned as Carolina approached, and their eyes met. He was an older man with gray hair and a face marked by time, but there was a kindness in his gaze.

"Carolina?" he asked, standing up to greet her.

"Yes, that's me. João Pedro, isn't it?" Carolina replied, extending her hand.

João Pedro shook her hand with a smile. "Exactly. It's a pleasure to finally meet you."

They sat down and ordered coffee. As they waited, João Pedro began to speak about the past and the memories they had in common. He told stories of his youth and the years he had spent traveling the world. It was clear that he had much to share, and Carolina was captivated by every word.

After a while, João Pedro took a small wooden box from his bag and placed it on the table. "This box belonged to your father," he said, looking at Carolina with seriousness. "And I'm sure he would have wanted you to have it."

Carolina looked at the box, her eyes filled with curiosity and anticipation. She opened it carefully and found a collection of old photographs, letters, and items that seemed to hold sentimental value.

"Why do you have this?" Carolina asked, her voice trembling slightly.

João Pedro sighed and explained. "Your father and I were very close when we were young. We had many adventures together, and he kept these things to remember our times. After he passed away, I kept the box, thinking that one day I would give it to you. It seemed like the right time now."

Carolina examined the items in the box. There were photos of her father as a young man, smiling, and letters written in elegant handwriting. She found a photo of a group of friends, including João Pedro, and saw her father in the center, with a broad smile on his face.

"I didn't know he had so much history," Carolina said, with a mix of sadness and joy. "My father was a reserved man. He never talked much about his past."

João Pedro smiled with understanding. "Your father was a man of many stories, but he preferred to keep them to himself. I'm sure he would be happy to know that you're seeing this now."

The coffee was served, and the two continued talking, sharing memories and stories. Carolina felt a sense of connection to her father that she had never experienced before. João Pedro's stories helped fill in the gaps that had always been present in her understanding of her father.

As the sun began to set, João Pedro said his goodbyes and left, promising to stay in touch. Carolina was left alone, holding the wooden box and reflecting on what she had learned.

She returned home with a sense of peace and a new appreciation for her father's life and memory. The box had revealed a side of her father she had never known, and it brought a new dimension to her understanding of him.

That night, Carolina sat under the mango tree in the yard and looked up at the stars. The crochet blanket was nearly finished, and she thought about Letícia and the future that awaited her. There was something comforting in the fact that, even after so many years, her father's memory was still alive and now had been shared with her.

And so, under the soft light of the night, Carolina finished the crochet blanket and made a final adjustment, thinking of Letícia and the future. She was at peace with the past and looking forward to what lay ahead, knowing that in each thread of crochet, there was a part of her history and her family.

O Último Trem

Pedro sempre acreditara que o trem era o coração pulsante de sua pequena cidade. Sua vida estava entrelaçada com os trilhos de ferro que cruzavam a região de São Francisco de Paula, e ele conhecia cada centímetro dos caminhos e dos ritmos das locomotivas. Quando o trem passava, a cidade parecia respirar com ele, e o som do apito era a canção de sua existência.

Era um dia nublado, típico de uma tarde de outono. As folhas secas rodopiavam ao vento, e a temperatura começava a cair. Pedro estava sentado no banco de madeira da estação, com seu chapéu de palha e seu casaco de lã. Suas mãos eram ásperas e calejadas, o resultado de anos de trabalho duro como ferroviário. Ele estava de folga, mas costumava vir até a estação para sentir a presença do trem, mesmo quando não tinha nada a fazer.

A estação estava vazia, exceto por um grupo de crianças que brincavam nas proximidades e uma mulher idosa que esperava um pouco distante. Pedro observava a cidade ao redor, suas casas simples e ruas de pedra que pareciam ter o mesmo ritmo lento e constante que ele conhecia tão bem. A cidade parecia em repouso, e o silêncio que acompanhava o ambiente era interrompido apenas pelo som distante do apito do trem.

Pedro sabia que aquele seria um dia especial. Ele havia recebido uma carta de um velho úmigo, João, que estava de volta à cidade após muitos anos. João e Pedro haviam trabalhado juntos nos trilhos há muito tempo e, apesar do tempo e da distância, a amizade entre eles nunca havia diminuído. A carta dizia que João chegaria na cidade no último trem da noite, e Pedro estava ansioso para revê-lo.

O sol começou a se pôr, e as luzes da estação se acenderam, criando um ambiente acolhedor no meio da escuridão que se aproximava. Pedro ficou em pé e começou a caminhar ao longo da plataforma, observando a entrada dos vagões e a movimentação das poucas pessoas que chegavam para pegar o trem das seis.

Finalmente, o apito do trem ressoou na distância, e Pedro sabia que era o sinal de que o trem estava chegando. O som familiar fez seu coração bater mais rápido, e ele se posicionou perto do final da plataforma, onde sabia que João desembarcaria.

O trem entrou na estação com o som característico das rodas deslizando pelos trilhos e o vapor subindo do motor. Pedro aguardava ansiosamente, seus olhos fixos na multidão de passageiros que começava a desembarcar. O último vagão parou, e Pedro viu um homem com um chapéu escuro e um casaco de couro emergir da multidão. João estava de volta.

— Pedro! — João exclamou, seu rosto iluminado por um sorriso largo. Ele se aproximou e estendeu a mão.

Pedro apertou a mão de João com força, sentindo a familiaridade do velho amigo. — João, é bom te ver. Você não mudou nada.

João sorriu, olhando em volta. — A cidade parece a mesma de sempre. É como se o tempo tivesse parado aqui.

Os dois homens se abraçaram e começaram a caminhar pela estação, conversando sobre os velhos tempos e as mudanças que ocorreram na cidade. Pedro estava contente por ter João de volta e sentia um profundo senso de nostalgia ao ouvir as histórias de seu amigo.

Enquanto conversavam, uma brisa fria começou a soprar, e as folhas secas dançavam ao redor dos pés dos dois homens. Pedro percebeu que a noite estava ficando mais fria e sugeriu que eles fossem para o café próximo, onde poderiam conversar mais confortavelmente.

O café era pequeno, com um interior acolhedor. As paredes estavam decoradas com fotos antigas da cidade, e o cheiro do café fresco pairava no ar. Pedro e João se acomodaram em uma mesa perto da janela e pediram café e alguns bolos.

— Então, João, como tem sido sua vida fora da cidade? — perguntou Pedro, depois de dar um gole em seu café.

João olhou para o café com um sorriso melancólico. — Tem sido uma vida interessante. Viajei por muitos lugares, trabalhei em diferentes ferrovias, conheci pessoas novas. Mas, no fundo, sempre senti que algo estava faltando. Eu sentia falta daqui, da simplicidade da vida na cidade.

Pedro acenou com a cabeça, compreendendo. — Eu sempre soube que, apesar de todos os desafios, esta cidade tem uma maneira de se prender a nós. Às vezes, é difícil explicar, mas há algo de especial neste lugar.

Os dois amigos continuaram conversando sobre o passado e as memórias que compartilhavam. Pedro falou sobre as mudanças na cidade e os novos desafios que enfrentava como ferroviário, enquanto João compartilhava suas próprias experiências e aventuras.

A noite estava avançando, e o café estava se tornando cada vez mais tranquilo. Pedro olhou para o relógio e percebeu que era hora de voltar para casa. — Vamos dar uma última volta pela estação antes de irmos embora. Sinto que é um rito que precisamos cumprir.

João concordou, e os dois saíram do café e caminharam de volta para a estação. A cidade estava silenciosa, com as luzes das casas piscando à distância. O som do trem se tornava uma melodia constante, e Pedro sentia uma sensação de conclusão ao estar ali com João.

Quando chegaram à estação, o último trem estava pronto para partir. Pedro e João subiram a bordo e encontraram um lugar perto da janela. Sentaram-se e olharam para a cidade que começava a desaparecer à medida que o trem se movia. As luzes das casas foram se apagando e a escuridão tomou conta do cenário.

— Você se lembra do tempo em que viajávamos de trem juntos? — perguntou Pedro, sua voz carregada de nostalgia.

João sorriu, olhando pela janela. — Lembro-me bem. Era uma época simples, mas as lembranças são preciosas. Cada viagem era uma nova aventura, uma nova história para contar.

Pedro concordou, sentindo um misto de tristeza e contentamento. — Sim, essas viagens formaram uma parte importante de nossas vidas. E mesmo que o tempo passe, essas memórias permanecem.

O trem avançava, e Pedro e João continuaram conversando sobre os velhos tempos e as histórias que haviam vivido. As palavras de João eram um bálsamo para Pedro, e ele sentia um profundo sentido de realização ao ter a chance de reviver esses momentos.

Finalmente, o trem começou a desacelerar, e Pedro soube que era o momento de se despedir. Eles chegaram à estação final, onde o trem faria sua última parada. Pedro e João desceram do trem e se dirigiram para a saída da estação.

— Foi bom te ver novamente, João — disse Pedro, apertando a mão de seu amigo uma última vez. — Não sei quando teremos a chance de nos encontrar de novo, mas essas memórias vão permanecer.

João sorriu, seus olhos brilhando com emoção. — Eu também gostei muito de te ver, Pedro. As memórias que compartilhamos são preciosas e sempre estarão conosco.

Os dois amigos se despediram e foram em direções opostas. Pedro caminhou lentamente de volta para sua casa, refletindo sobre a noite e as conversas que tiveram. Havia uma sensação de completude, uma paz que vinha do fato de que, apesar das mudanças e do tempo que passava, algumas coisas permaneciam constantes.

Quando chegou em casa, Pedro se sentou em sua cadeira favorita e olhou pela janela para a cidade tranquila. A luz da lua iluminava os trilhos do trem, e ele pensou nas palavras de João. As memórias de suas viagens de trem e as histórias que compartilharam eram parte de quem ele era.

Pedro sabia que a vida na cidade continuaria a seguir seu curso, e os trens continuariam a partir e a chegar, marcando o ritmo da existência de todos. Mas, para ele, aquele último trem de João era um símbolo de que as coisas mais importantes — a amizade, as memórias e o sentimento de pertencimento — nunca mudariam.

Com um suspiro de contentamento, Pedro se levantou e foi para a cama, levando consigo a sensação de que, apesar das mudanças inevitáveis, o que realmente importa é a conexão com as pessoas e os momentos que fazem a vida valer a pena. E assim, ele fechou os olhos, sabendo que, enquanto houvesse trens para seguir, haveria histórias para contar e amizades para valorizar.

The Last Train

Pedro had always believed that the train was the heartbeat of his small town. His life was intertwined with the iron tracks that crisscrossed the São Francisco de Paula region, and he knew every inch of the paths and rhythms of the locomotives. When the train passed, the town seemed to breathe with it, and the sound of the whistle was the song of his existence.

It was a cloudy day, typical of an autumn afternoon. Dry leaves whirled in the wind, and the temperature began to drop. Pedro was sitting on the wooden bench at the station, wearing his straw hat and wool coat. His hands were rough and calloused from years of hard work as a railway worker. He was on his day off, but he often came to the station to feel the presence of the train, even when he had nothing to do.

The station was empty except for a group of children playing nearby and an elderly woman waiting a little farther away. Pedro watched the town around him, its simple houses and cobblestone streets that seemed to have the same slow and steady rhythm he knew so well. The town seemed at rest, and the silence that accompanied the setting was broken only by the distant sound of the train's whistle.

Pedro knew this would be a special day. He had received a letter from an old friend, João, who was returning to town after many years. João and Pedro had worked together on the tracks long ago, and despite the time and distance, their friendship had never waned. The letter said João would arrive in town on the last train of the night, and Pedro was eager to see him again.

The sun began to set, and the station lights came on, creating a warm atmosphere in the midst of the approaching darkness. Pedro stood up and started walking along the platform, watching the arrival of the trains and the movement of the few people arriving to catch the six o'clock train.

Finally, the train's whistle echoed in the distance, and Pedro knew it was time. The familiar sound made his heart race, and he positioned himself near the end of the platform, where he knew João would disembark.

The train entered the station with the characteristic sound of wheels on tracks and steam rising from the engine. Pedro waited anxiously, his eyes fixed on the crowd of passengers beginning to disembark. The last carriage stopped, and Pedro saw a man in a dark hat and leather coat emerge from the crowd. João was back.

"Pedro!" João exclaimed, his face lit by a broad smile. He approached and extended his hand.

Pedro shook João's hand firmly, feeling the familiarity of the old friend. "João, it's good to see you. You haven't changed a bit."

João smiled, looking around. "The town seems the same as ever. It's like time has stopped here."

The two men embraced and began walking through the station, talking about the old days and the changes that had occurred in the town. Pedro was happy to have João back and felt a deep sense of nostalgia as he listened to his friend's stories.

As they talked, a cold breeze began to blow, and dry leaves danced around their feet. Pedro noticed the night was growing colder and suggested they head to the nearby café, where they could talk more comfortably.

The café was small, with a cozy interior. The walls were decorated with old photos of the town, and the aroma of fresh coffee lingered in the air. Pedro and João settled at a table by the window and ordered coffee and some pastries.

"So, João, how has life been outside the town?" Pedro asked, after taking a sip of his coffee.

João looked at his coffee with a melancholic smile. "It's been an interesting life. I traveled to many places, worked on different railways, met new people. But deep down, I always felt something was missing. I missed being here, the simplicity of life in town."

Pedro nodded in understanding. "I always knew that, despite all the challenges, this town has a way of holding on to us. Sometimes it's hard to explain, but there's something special about this place."

The two friends continued talking about the past and the memories they shared. Pedro spoke about the changes in the town and the new challenges he faced as a railway worker, while João shared his own experiences and adventures.

The night advanced, and the café grew quieter. Pedro glanced at his watch and realized it was time to head home. "Let's take one last walk around the station before we leave. I feel like it's a ritual we need to complete."

João agreed, and the two left the café and walked back to the station. The town was silent, with the lights of the houses flickering in the distance. The sound of the train became a constant melody, and Pedro felt a sense of closure as he stood there with João.

When they reached the station, the last train was ready to depart. Pedro and João boarded and found a seat by the window. They sat and watched the town begin to fade as the train moved. The lights of the houses went out, and darkness enveloped the scene.

"Do you remember the times when we used to travel by train together?" Pedro asked, his voice tinged with nostalgia.

João smiled, looking out the window. "I remember well. It was a simple time, but the memories are precious. Each journey was a new adventure, a new story to tell."

Pedro agreed, feeling a mix of sadness and contentment. "Yes, those journeys were an important part of our lives. And even though time passes, those memories remain."

The train continued forward, and Pedro and João talked about old times and the stories they had lived. João's words were a balm to Pedro, and he felt a deep sense of fulfillment at having the chance to relive those moments.

Finally, the train began to slow down, and Pedro knew it was time to say goodbye. They arrived at the final station, where the train would make its last stop. Pedro and João got off the train and headed toward the station's exit.

"It was good to see you again, João," Pedro said, shaking his friend's hand one last time. "I don't know when we'll have the chance to meet again, but these memories will stay with me."

João smiled, his eyes shining with emotion. "I enjoyed seeing you too, Pedro. The memories we shared are precious and will always be with us."

The two friends said their goodbyes and went their separate ways. Pedro walked slowly back to his home, reflecting on the night and the conversations he had had. There was a sense of completeness, a peace that came from knowing that, despite changes and the passing of time, some things remained constant.

When he arrived home, Pedro sat in his favorite chair and looked out the window at the quiet town. The moonlight illuminated the train tracks, and he thought of João's words. The memories of their train journeys and the stories they shared were part of who he was.

Pedro knew that life in the town would continue its course, and the trains would keep coming and going, marking the rhythm of everyone's existence. But for him, that last train with João was a symbol that the most important things—friendship, memories, and the feeling of belonging—would never change.

With a sigh of contentment, Pedro got up and went to bed, carrying with him the feeling that, despite inevitable changes, what really mattered was the connection with people and the moments that made life worth living. And so, he closed his eyes, knowing that as long as there were trains to follow, there would be stories to tell and friendships to cherish.

54

O Último Barco

<hr>

Era uma manhã fria em Vitória, com o mar batendo forte contra os molhes. O vento soprava forte e a cidade parecia estar em silêncio, como se aguardasse algo que ainda estava por vir. O velho Miguel caminhava pelas ruas desertas com uma determinação silenciosa. Seu passo era firme, mas o rosto marcado pelo tempo mostrava um cansaço que não se podia esconder.

Miguel havia passado a vida inteira no mar, navegando entre as ilhas e portos do Brasil. Ele tinha histórias para contar, histórias de tempestades ferozes e calmarias intermináveis, de noites sob estrelas brilhantes e de amanheceres solitários. Mas o mar, que sempre fora sua paixão, agora parecia ser um lugar de solidão.

Seu barco, o "Aurora", estava amarrado no porto, coberto de sal e lembranças. Era um pequeno barco de pesca, envelhecido pelas tempestades e pelo tempo. A cada manhã, Miguel ia até o porto, não para preparar o barco, mas para olhar para ele, como um pai que observa seu filho adormecido.

Naquela manhã em particular, Miguel decidiu que era hora de dar um último passeio no "Aurora". Ele sabia que o barco precisava de reparos, mas a decisão de partir era mais sobre encerrar um capítulo da vida do que sobre a condição do barco. Caminhou até o cais, onde seus amigos costumavam se reunir, agora quase todos ausentes ou aposentados.

— Bom dia, Miguel — disse o velho João, um amigo de longa data, que estava sentado em um banco, observando o mar. — Parece que você tem algo em mente hoje.

— É verdade — respondeu Miguel, com um sorriso triste. — Vou fazer um último passeio com o "Aurora". Depois, acho que é hora de deixá-lo descansar.

João acenou com a cabeça, entendendo. — Faz bem em fazer isso. O mar sempre vai ser seu amigo, mas é preciso saber quando é hora de dizer adeus.

Miguel embarcou no "Aurora" com um sentimento de nostalgia. O sol estava baixo no horizonte, lançando uma luz dourada sobre o mar. Ele ligou o motor com um rugido familiar e começou a navegar. Cada onda que passava parecia contar uma história, e Miguel sentiu uma mistura de saudade e gratidão.

Enquanto navegava, pensava nos anos que havia passado no mar, nas pessoas que conheceu e nas aventuras que viveu. O "Aurora" parecia ter vida própria, balançando suavemente, como se estivesse acompanhando o ritmo dos pensamentos de Miguel.

Depois de algumas horas, Miguel decidiu ancorar perto de uma pequena ilha que conhecia bem. A água estava calma e clara, refletindo o céu. Ele desceu do barco e caminhou pela areia, observando a paisagem que conhecia tão bem, mas que parecia nova e diferente agora.

Sentado na areia, Miguel pensava sobre o futuro. Sabia que a vida não era só sobre o passado, mas também sobre o que vinha a seguir. E enquanto olhava para o horizonte, sentia uma paz inesperada. O mar ainda estava lá, mas ele tinha encontrado uma nova forma de apreciar a vida.

Quando o sol começou a se pôr, Miguel voltou ao "Aurora" e navegou de volta para o porto. O barco parecia descansar, como se entendesse que era hora de parar. Ao chegar ao cais, Miguel amarrou o barco pela última vez e deu uma última olhada para ele.

— Adeus, velho amigo — murmurou para si mesmo. — Obrigado por tudo.

Miguel se afastou do barco, sentindo uma sensação de fechamento. Ele sabia que estava pronto para o próximo capítulo da sua vida, um capítulo que talvez não envolvesse mais o mar, mas que ainda seria cheio de novas experiências e descobertas.

Ao caminhar pelas ruas desertas de Vitória, Miguel sentiu o vento frio no rosto e ouviu o som das ondas quebrando ao longe. Havia uma sensação de tranquilidade em saber que havia vivido plenamente e que agora estava pronto para abraçar o futuro, com todas as suas incertezas e promessas.

The Last Boat

It was a cold morning in Vitória, with the sea crashing hard against the breakwaters. The wind blew strongly, and the city seemed to be in silence, as if waiting for something yet to come. Old Miguel walked through the deserted streets with a silent determination. His step was firm, but the weathered face revealed a weariness that could not be hidden.

Miguel had spent his entire life at sea, navigating among Brazil's islands and ports. He had stories to tell, tales of fierce storms and endless calms, of nights under bright stars and lonely dawns. But the sea, which had always been his passion, now seemed a place of solitude.

His boat, the "Aurora," was moored at the dock, covered in salt and memories. It was a small fishing boat, weathered by storms and time. Each morning, Miguel went to the dock not to prepare the boat, but to look at it, like a father watching his sleeping child.

On that particular morning, Miguel decided it was time for one last sail on the "Aurora." He knew the boat needed repairs, but the decision to depart was more about closing a chapter in his life than about the boat's condition. He walked to the dock, where his friends used to gather, now mostly absent or retired.

"Good morning, Miguel," said old João, a longtime friend, sitting on a bench and watching the sea. "Looks like you have something on your mind today."

"It's true," Miguel replied with a sad smile. "I'm taking one last trip with the 'Aurora.' After this, I think it's time to let it rest."

João nodded, understanding. "It's good to do that. The sea will always be your friend, but you need to know when it's time to say goodbye."

Miguel boarded the "Aurora" with a sense of nostalgia. The sun was low on the horizon, casting a golden light over the sea. He started the engine with a familiar roar and began to sail. Each wave seemed to tell a story, and Miguel felt a mix of longing and gratitude.

As he sailed, he thought about the years he had spent at sea, the people he had met, and the adventures he had lived. The "Aurora" seemed to have a life of its own, gently rocking as if keeping pace with Miguel's thoughts.

After a few hours, Miguel decided to anchor near a small island he knew well. The water was calm and clear, reflecting the sky. He stepped off the boat and walked along the sand, observing the landscape he knew so well but now seemed new and different.

Sitting on the sand, Miguel thought about the future. He knew life wasn't just about the past but also about what lay ahead. And as he looked at the horizon, he felt an unexpected peace. The sea was still there, but he had found a new way to appreciate life.

When the sun began to set, Miguel returned to the "Aurora" and sailed back to the dock. The boat seemed to rest, as if understanding that it was time to stop. Upon reaching the dock, Miguel tied the boat for the last time and took one final look at it.

"Goodbye, old friend," he murmured to himself. "Thank you for everything."

Miguel walked away from the boat, feeling a sense of closure. He knew he was ready for the next chapter of his life, a chapter that might no longer involve the sea but would still be full of new experiences and discoveries.

As he walked through the deserted streets of Vitória, Miguel felt the cold wind on his face and heard the sound of waves crashing in the distance. There was a sense of tranquility in knowing he had lived fully and was now ready to embrace the future, with all its uncertainties and promises.